Αίλουρος

Дмитрий Данилов

ДВА СОСТОЯНИЯ

Ailuros Publishing
New York
2016

Редактор Елена Сунцова.
Художник обложки Олег Пащенко.
Подписано в печать 5 сентября 2016 года.

Two States
Poems by Dmitriy Danilov
Ailuros Publishing, New York, USA
www.elenasuntsova.com

Copyright © 2016 by Dmitriy Danilov, text.
Copyright © 2016 by Oleg Paschenko, cover picture.
All rights reserved.

ISBN 978-1-938781-41-4

Просящему у тебя дай

Сказано нам:
Просящему у тебя дай
Евангелие от Матфея
Глава пятая
Стих сорок второй
Страшное это дело
Приезжаешь, бывает
В Выхино
На конечную остановку автобусов
И идешь к метро
Люди просят у тебя
Дай, говорят люди
Люди говорят, дай
Вернее, не говорят
А просто стоят
Человек совсем
Без нижних конечностей
Только верхние остались
И этими своими
Верхними конечностями
Он держит баночку
В ожидании
И бабушка со всеми конечностями
Но она тоже просит — дай
И пока дойдешь до метро
Еще несколько людей
Не говорят ничего
Но безмолвно просят
Дай, дай, дай

Даешь им по пять
По десять рублей
Кому-то пятьдесят иногда
Или сто рублей иногда
А когда денег мало
То и не даешь
Ну а чего
Все нормально

Трудно исполнить
Эту заповедь
Ох, трудно
Они ведь не говорят тебе
Дай нам пять рублей
Или десять
Они нам говорят
Молчаливо говорят
Дай нам, сколько сможешь
И надо им дать
Потому что Мф 5, 42
Так сказано нам
То есть, чтобы исполнить
Эту заповедь
Всего лишь одну заповедь
Нагорной проповеди
(А там ведь есть
И более трудные заповеди)
Надо сделать вот что

Надо, увидев
Такого человека
Просящего подать ему
«Сколько можете»
Надо подать ему
Сколько можешь
Надо отдать ему
Все имеющиеся
В наличии деньги
Надо найти ближайший банкомат
Снять все деньги
С банковской карточки
Или с нескольких карточек
Все эти деньги
Отдать ему
Телефон, вернее, телефоны
Тоже отдать ему
Читалку, другие гаджеты
Снять с себя всю одежду
Ну и так далее
Что там у тебя есть
Рюкзак, кроссовки

Но это еще не все

Пойти в одних трусах
В дом свой
Найти в ящиках стола
Документы на квартиру
Продать ее быстро
Есть такие сервисы
Быстрый выкуп квартир
Продать за пару дней
И отнести вырученные миллионы
Туда, к метро «Выхино»
Скорее всего, там уже не будет
Прежнего облагодетельствованного
Он, наверное, будет отмечать
Свой успех
Отдать эти миллионы другому
Что он будет делать с ними
Интересно
Нет, не интересно
Ничего, наверное, не будет
У него, наверное
Их сразу отнимут
И не будет из этого
Вовсе никакой пользы

И вот, сделав все это
Исполнив заповедь
Останется только оглянуться вокруг
И вспомнить слова Спасителя
Гряди по Мне
И человека сего
Очень быстро уничтожит
Окружающий мир
Его закатает в асфальт
Окружающий мир
Буквально, в асфальт
Обширной площади
Рядом со станцией
Метро «Выхино»
И одноименной
Железнодорожной платформой

И исполнится
Божия заповедь

Потому что
Когда мы подаем человеку
Десять, пятьдесят
Или сто рублей
Мы совершаем не христианский поступок
Мы просто действуем
Как социально ответственные граждане
Более успешные
Помогаем менее успешным
А христианский поступок
Это отдать все
И быть закатанным в асфальт
Рядом со станцией метро «Выхино»
Христианский поступок
Это отдать всего себя
И быть закатанным в асфальт

И это мы только одну заповедь
Упомянули
Только об одной заповеди
Подумали
Не дошли еще до других заповедей
Например, обрати к нему
И другую щеку
Любите врагов ваших
И другие страшные вещи

Какую же страшную религию
Мы избрали себе
Вернее, она избрала нас
Непостижимую, невыполнимую
Нам сказано сделать невозможное
И мы не можем это сделать
А все равно надо
А все равно не можем

Ну а что нам делать
Деваться-то все равно некуда
Вернее, есть куда, но не хочется

Сказано нам выкопать
Огромный котлован
А в руках у нас детский совочек
Сказано нам полететь в космос
Достать до звезд
А в нашем распоряжении
Самолет Ан-2
Или, в лучшем случае
Ан-24
Хрен редьки не слаще

И остается нам
Ковырять в земле
Детским совочком
И безнадежно пытаться
Запустить заржавелый двигатель
Самолета Ан-2
Осознавая всю безнадежность
Этих попыток
Главное не бросать, не останавливаться
Без всякой надежды
И кто знает, может быть
Из-под совочка
Хлынут хрустальные воды
И самолет Ан-2
Пролетит мимо
Марса, Юпитера и Сатурна
Качнув серебряным
Как говорится
Крылом

Только что
Мимо меня
Прошел нищий
И подошел ко мне
И сказал необычные слова
Брат, похмели меня
Денег у меня не было
И я привычно сказал
Извини, денег нет
И он быстро ушел
В сторону Красных ворот

(Дело было на Мясницкой)
И я вдруг понял
Что у меня было с собой
Вино
И, что очень редко случается
Пластиковые стаканчики
И я мог бы его похмелить
Но он уже ушел
И мне в очередной раз
В сотый, тысячный раз
Не удалось исполнить
Заповедь Господню.

Год

Год исполнился Толику
Толику год
Это немного странно
А потом два исполнится
И три
Какой-то обратный отсчет
Исполнилось сорок четыре
И потом — раз, и год
Очень странно
Это очень странно

Поехал утром в Подольск
Хмурые люди в автобусе 872
Хмурые толпящиеся люди
В метро, Выхино — Текстильщики
Хотя, почему хмурые
Обычные такие люди
Не хмурые, нормальные
Это просто такой как бы образ
Если люди едут в транспорте
Утром
То они должны быть хмурые
Фигня все это
Не хмурые они, но и не веселые
Обычные такие
Как всегда

В Выхино в вагоне
Садиться не обязательно
Три всего остановки
Набьется народу
Потом не протиснешься к выходу
Лучше просто встать
У выхода, рядом с выходом
И стоять у выхода, не отходить
Вглубь вагона
Три остановки всего
Родные, знакомые
Рязанский проспект
Кузьминки

И Текстильщики
Пока доехали до Текстильщиков
Набилось много народу
Но удалось отстоять
Позицию около выхода
И выйти

Платформа Текстильщики
Имеется в виду платформа электричек
Сколько раз здесь был
Пользовался этой платформой
Садился здесь в электричку
И ехал в Подольск
К Толику
Пока он был еще живой
Это было в 2013 — 2014 годах
Доезжал на электричке до Подольска
Шел на конечную остановку
Троллейбусов 1 и 2
Толик к тому времени обычно
Уже несколько раз звонил
Где ты, ну где ты, где
Он произносил это
Не очень отчетливо
Сказывалась болезнь
Ему трудно было говорить
Отчетливо
Надо признать, эти звонки
Вызывали раздражение
Ну я еду, чего ты звонишь
Стою на конечной
На станции Подольск
Буду подъезжать — позвоню
И он потом еще
Несколько раз звонил
Ну ты где, что, когда
Да блин, еду в троллейбусе
Буду подъезжать — позвоню
И опять было раздражение
Чего он звонит
Хорошо — смиренно отвечал Толик
Звони, как приедешь

И тут можно было бы
Поместить какое-то рассуждение
Что вот, мол, не ценим мы
Привычки своих близких
Раздражаемся на них
А надо бы ведь вроде бы
Ценить
Вот, умер Толик
И теперь бы дорого дал
За это раздражение

Фигня это все
Все эти рассуждения
Это все ерунда
И даже не надо объяснять
Почему

Приезжал на троллейбусе 1 или 2
На остановку «Беляевский поворот»
Звонил Толику — выходи
Он выходил, шатаясь
Это болезнь так сказывалась
Даже не обнимались, как раньше
А просто рукопожимали
Садились на скамеечку на остановке
Толику было трудно говорить
И он практически не говорил
Практически молчал
Но все же кое-что и говорил
И так проходило двадцать минут
И Толик уходил в свой дом
И дальше была поездка домой
Вечером, по вечернему Подольску
Было даже некоторое облегчение
Что можно больше не говорить с Толиком
Не выслушивать эти мучительные
Бесконечные паузы
А можно просто ехать
По вечернему Подольску
Как бы выполнил свой долг
И теперь можно просто свободно ехать
Ну да, вот так

А потом Толик умер
И вот исполнился год
С того момента
Когда он умер

И надо теперь отмотать этот текст
Обратно
До стояния на платформе Текстильщики
Да, утро 25 ноября
Платформа Текстильщики
Год с момента смерти Толика
И надо поехать на кладбище

Приезжает полупустая электричка
До Чехова
Так сказать, до боли знакомый маршрут
Сначала эти суетливые станции
Люблино, Депо, Перерва
Справа ничего
А слева — множество путей
На которых множество вагонов
Потом мост через Москву-реку
Справа вдали — Коломенское
Никогда не любил это место
Тревожное какое-то, но красивое
Потом станция Москворечье
Потом сразу Царицыно
Суетливое, неприятное место
Радиорынок и все такое
Ну а дальше не особенно интересно
Только когда электричка
Подъезжает к Щербинке
По левой ее стороне
Проносятся страшного вида дома
Девятиэтажные и пятиэтажные дома
Они очень чудовищные
Серые, белые
Швы между панелями
Замазаны какой-то отвратительной
Серой гадостью
Но это ничего
Вот уже станция Щербинка

Красивая новая церковь на станции
Потом станция Силикатная
Потом мост через реку Пахра
Как-то раз, помнится
Бродили с Толиком
Вдоль ее берегов
И вот уже станция Подольск
Конечный пункт

На автобусе доехал до Красной Горки
И вот уже виднеется церковь
Кладбищенская церковь
Около которой
Собрались люди
С целью помянуть Толика

Геннадий Степанович (отец)
Очень похож на Толика
Вернее, это Толик
Очень похож
На Геннадия Степановича
Впрочем, теперь это неважно

Пошли небольшой толпой
К могиле
Идти трудно, очень скользко
Практически сплошной лед
И опорно-двигательный аппарат
Чувствует себя не очень хорошо

Наконец, все добрели
До могилы Толика
У основания креста
Расположен фотопортрет
На котором изображен Толик
Еще молодой и относительно здоровый
И улыбающийся

Положили цветы, постояли
И вдруг пришел серый кот
Толстый, пушистый, красивый
Подошел к углу оградки

И уютненько сел
И сидел
Все обратили внимание
И засмеялись
Очень симпатичный, спокойный кот
Или, может, кошка
Но вроде бы кот
Появление кота вызвало много улыбок
И как-то стало хорошо, хотя

Посидели потом в кафе
И это было белое слепое пятно
Помянули, выпили, закусили
И это было белое слепое пятно
Поговорили, повспоминали
И это было белое слепое пятно
Выпили еще, выпили
И это было белое слепое пятно
Осталось еще немного водки
И это было белое слепое пятно
И выпили еще немного, на посошок
И это было белое слепое пятно

Хотя, хорошо, конечно было
Очень хорошо
Но это было белое слепое пятно
Хорошо вспоминали, рассматривали фотографии
Уже не так было грустно
И в какой-то момент
Стали даже обмениваться контактами
Кто не был знаком
Но это было белое слепое пятно
Потому что Толика-то все равно нет
И это было белое слепое пятно

Чуть не проспал Текстильщики
Электричка уже стояла у платформы
И было непонятно
Нужно бежать или уже бесполезно
Все-таки рванул, и успел
О этот теплый мир живых
Метро «Текстильщики»

Выхино, автобус 79
Магазин «Отдохни»
(Качественные алкогольные напитки)
Потом автобус 14
И дома

Как хорошо среди живых
Как хорошо быть живым
Как быстро все забывается
Как быстро забывается
Вот это белое слепое пятно
Образовавшееся после смерти Толика
Ну а что, надо жить
Надо ведь жить
Что делать, надо ведь как-то жить
Надо, надо жить

Ортопедический матрас
Жесткий ортопедический матрас
Принимает пока еще живое тело
Тело смотрит сквозь узкую щелочку
Между занавесками
На небо
Оно странное
Серовато-светящееся
Такое небо ночью в Москве
Это даже отчасти красиво

Живое тело осеняет себя
Крестным знамением
Поворачивается на бок
И постепенно засыпает
Уверенное в своей
Вечной жизни

Три дня

С Николаем Степановичем
Что-то случилось
Прилег на диван
Да нет, ничего
Да ладно, пройдет
Что-то случилось
С Николаем Степановичем
Такое уже случалось
Давление, там
Сердце

А тут что-то другое случилось
Давление, сердце, сосуды
Слабость, тошнота
Полежал
Но вроде ничего
Встал даже, походил
Пошел на кухню
Хотел выпить воды
Но не выпил, почему-то

Еще походил

Такая легкость
Легко, хорошо ходить
Нормально так
Приятно ходить
Надо бы вроде лечь
А хочется походить
Походил, походил
Вышел на лестницу
Хотел по привычке поехать на лифте
Но пошел, пошел вниз
Как же легко идти
По этой родной
Засранной лестнице
Как же приятно, легко идти
К выходу из своего
Убогого подъезда

Вышел во двор
Между домом и заасфальтированной дорогой
Полоса неокультуренной Земли
Летом она зарастает
Клочковатой беспорядочной травой
А не летом эта полоса превращается
Просто в безобразный участок Земли
А как сейчас — трудно понять
Не лето, не осень
Не зима и не весна
А просто какой-то чертеж привычного

На заасфальтированной дороге
Узкой, в полторы полосы
Стоят силуэты машин
Трудно определить их марки
Страны-производители
Трудно вспомнить, кто их владельцы
Стоят какие-то машины
Как всегда
Хотя и не совсем как всегда

Всегда было понятно
Вот Петькина девятка
С тонированными стеклами
Сквозь которые ничего не видно
Петька рассказывал
Что он на поворотах
Приспускает стекла
Чтобы хоть немного видеть
Что там, за этими таинственными поворотами
Вот Логан Семеныча
Такой обычный Логан, серенький
Вот бэха Матвея
Неизвестно какого года
И уже даже трудно сказать
Какой серии
Такая она уже старая, грязная
Лучше бы купил себе
Логан, как у Семеныча
Или Киа Рио в кредит
Ну и так далее

А сейчас — непонятно, что за машины
Какие, чьи
Какие-то просто машины
И даже не хочется подходить
И интересоваться

Двор вроде бы знакомый, свой, родной
Но и какой-то не очень понятный
Было ли тут это дерево
Или не было его
Непонятно
Вроде было
А вот эта скамеечка
Была ли она
Но это как-то и неинтересно

Но зато как же легко
Хочется сделать что-то вроде зарядки
Подвигать своим легким телом
Туда-сюда
Как же легко сгибается поясница
Как же легко ходит из стороны в сторону
Плечевой пояс
Туда-сюда, туда-сюда
И после одного из этих движений
Николай Степанович слегка зависает
Над поверхностью Земли
И еще зависает
И делает еще энергичное движение
И немного летит
И еще несколько движений
И вот уже Николай Степанович
Не немного летит
А просто — летит
Ну так, невысоко
И в сознании его ничего не происходит
Просто такое странное ощущение
И набор мыслей вот такой какой-то
Что ну вот, нормально, хоть можно как-то вот так
Ну как-то вот нормально так как-то
Плечом еще вот так потянуть
Раззудись плечо, вспомнилось вдруг

Размяться как-то, расправить члены
Как говорил кто-то когда-то
Никогда так хорошо не разминался
Даже тогда еще, когда занимался волейболом
Никогда так не чувствовал себя
Бодро как-то, здорово

А поселок Железнодорожный
Уже внизу
Не далеко внизу
А просто внизу
Над ним можно парить
И нужно
Делаешь плавное движение телом вправо
И плавно летишь вправо
Делаешь чуть более резкое движение телом вперед
И чуть более резко летишь вперед
И вот так можно перемещаться
Ну да, нормально
Ничего удивительного
Николай Степанович
Не воспринимает это
Как нечто удивительное
Нормально, нормально
И даже почему-то не думает
Что раньше-то ничего такого
И не было

Родной поселок Железнодорожный
Улица Лесная, дома 3, 5 и 7
Родные пятиэтажечки
Нина, Валя, Петя, мама
Улица Кооперативная
Магазин Ткани
Магазин Мебель
Универмаг
Улица Кооперативная
Пересекает под прямым углом
Улицу Ленина
Большой парк, аттракционы
Какое сейчас время, интересно
Непонятно

Как-то и не светло, и не ночь
Что-то среднее
Если бы Николай Степанович
Бывал в Петербурге или Стокгольме
В Мурманске, Норильске или Воркуте
Он бы подумал
Что это как летом в белые ночи
Но он не бывал ни в Петербурге
Ни в других перечисленных населенных пунктах
Просто какой-то странный свет
Улица Ленина
Широкая, и в последние годы нарядная
Магазины, вывески, реклама
Скверик со скамейками
Где обычно тусуется молодежь
Но сейчас молодежь не тусуется
И Николай Степанович
Не то чтобы долетает
Но как-то незаметно перемещается
До вокзала
Типовой вокзал 70-х
Совершенно пустая платформа
Крупная станция
Но почему-то нет поездов, вагонов
Вообще ничего и никого нет
Только на пятом от вокзала пути
Стоит одинокий коричневый
Товарный вагон
И при виде этого вагона
Николай Степанович заплакал бы
Если бы мог заплакать
А за станцией
Дальше там, за путями
Так называемый частный сектор
Домики, избушки
И в них ни одного огонька
А вокруг лес

Николай Степанович подумал
Нет, не подумал
А в него как бы вселилась
Некая мысль

Что надо бы, наверное
Побывать в областном центре
О эта гибкость в пояснице
О эти легкие, приятные
Движения плечевым поясом
И вот Николай Степанович
Уже не летит, не парит
А каким-то другим, непонятным образом
Перемещается
Параллельно поверхности Земли
Параллельно дремучим лесам
Параллельно широким полям
И видит, наконец
Областной центр
Но не его улицы
Площади и дома
А видит его целиком
Как некий сгусток материи
Или идею
И не становится ни светлее
Ни темнее
А вот так, как примерно
В полярный день в Воркуте
Пасмурно, сумрачно, бледно

И если была бы другая ситуация
Николай Степанович подумал бы
Задумался бы, почесал репу
Куда бы еще направиться
Но он ничего не подумал
И ничего не почесал
Он просто подвигал немного
Тазобедренным суставом
Поднялся на очень большую высоту
И увидел что-то
И если бы, опять-таки
Была бы другая ситуация
Он бы воскликнул
Всплеснул бы руками и воскликнул
Вот она, наша страна
Вот она, наша Европа
Или, там, Азия или Евразия

Вот она, наконец, наша Земля
Но это был другой случай
Он увидел просто какую-то бурую плоскость
Не то что даже до горизонта
А дальше всех горизонтов
И тупая, грустная мысль
Колом встала внутри него
Вот, я был здесь

И другая мысль
Если можно назвать это мыслью
Зачесалась внутри него
Пора назад, в поселок Железнодорожный
И вот уже вокзал
Улица Ленина
Улица Кооперативная
И улица Лесная
Дома семь, пять
И, наконец, дом три

И давайте теперь все вместе
Пожелаем Николаю Степановичу
Успехов, удачи, хорошего настроения
Всего, как говорится, хорошего
Чтобы все у него, как говорится
Было хорошо

На смерть Мирослава Немирова

Памяти разорвав струю
Так Хармс начал стихотворение
На смерть
Казимира Малевича

Здесь другой случай

Между видениями
Ростова, Тюмени, Москвы
Алтуфьевского шоссе, Сходненской
Королёва, треугольника между
Железными дорогами
Недалеко от торгового центра «Город»
Немиров, может быть
Вспоминает
Некоторых из нас
Кого-то из нас
Всех нас

Родионовскую вечную
Задумчивую ухмылку
Означающую вообще все

Емелинскую вечную
Белозубую улыбку
Выражающую наш московский цинизм
И восторг перед жизнью

Добрый взгляд Нескажу
Замаскированный
Профессорскими очками

Редкие уничижительные
Реплики Софрония

Возмущение Германа Лукомникова
Ну что вы ему позволяете
И потом — такую вот его улыбку
Которая вот такая
Даже трудно сказать
Какая именно

Математическую тщательность Курбатова
Старого Незнайку его
Улицу Лобачика

Ну и меня, с моими попытками
С серьезным лицом
Сказать что-то о литературе
И, может быть, «Черный и зеленый»
На который
Он меня сам вдохновил

Время, отведенное для наблюдения
Заканчивается
Звучит что-то похожее
На электронную музыку
Вернее, даже не на музыку
А на однообразный, гудящий вой

Мммммммммммм

И наблюдение уже надо прекращать
Предстоят какие-то другие
Великие события
Надо прощаться со всем этим
Надо прощаться
Надо набраться мужества
И проститься со всем этим
Это очень нелегко
Но надо, надо

А мы пока как-то тут
Как-то здесь, что-то вот так
Как-то
Как-то мы будем тут

Когда это происходит зимой
Это особенно мучительно
Грустно
Печально
Ну ладно
Хочется сказать в этом месте
Что-нибудь жизнеутверждающее

Но ничего жизнеутверждающего
Как-то не говорится

Снег, метель, черное небо
Он очень много писал об этом
О зиме, о черном холоде
И о грядущей весне

И вот она, может быть
Как раз и пришла.

Два состояния

Два состояния
Милы мне
Ожидание автобуса
И поездка в автобусе
Речь идет об автобусе 14
Который следует
От станции Реутово
До Святоозерской улицы
Святоозерская улица
Это не конечная точка
А просто некая точка в пути
Автобус 14 делает круг
По району Кожухово
По нашему родному району
И проезжает мимо нашего дома

Тут надо пояснить
Автобус 14
Связывает собой
Два района
Кожухово и Новокосино
Если из Кожухово
Надо добраться в Новокосино
То нужен автобус 14

В Новокосино
На Новокосинской улице
Есть магазин «Отдохни»
Это магазин алкоголя
Там работают
Хорошие, высококвалифицированные
Продавцы
Которые всегда
Готовы подсказать
Которые знают
Все о вине
И других напитках
Получается какая-то
Чуть ли ни реклама
Магазинов «Отдохни»

Но нет, это не реклама
Это просто часть текста
Об автобусных поездках

В общем, ситуация такая
Надо доехать из Кожухово
До Новокосино
До магазина «Отдохни»
Который работает
До 22 часов

Обычно выхожу
Часов в девять
И блаженно сижу
На остановке
Степень блаженности одна
Летом, зимой
Весной или осенью
Это всегда хорошо —
Ждать автобус 14
На остановке
«Ул. Дмитриевского, 11»
Если есть с собой
Какой-нибудь алкоголь
Вино, например, в пакетах
Оставшиеся запасы
То можно его потихоньку
Употреблять
А если нет — то нет
Неважно

Бывают нервные ситуации
Когда вышел из дома поздно
И не факт, что успеешь
В магазин «Отдохни»
Который закрывается в десять
То есть, в 22:00
Времени уже девять пятнадцать
Девять двадцать
Девять тридцать
И девять сорок
И есть шанс не успеть

Но обычно как раз в это время
Приезжает автобус 14
Наконец, приезжает
Автобус 14
Приезжает, наконец
Автобус 14

Хорошо, хорошо
Как хорошо
Если дело происходит летом
Или теплой весной, или осенью
То просто хорошо
А если дело происходит зимой
Холодной зимой
То очень приятно сесть
На переднее сиденье
С левой стороны
Там будет тепло
Там будет обогреватель
И на пятнадцать минут
На десять минут
Станет очень уютно

У автобуса 14
Очень хороший маршрут
Сначала он немного петляет
По Кожухово
Проезжает мимо строящейся церкви
Делает два крутых поворота
И выезжает на Салтыковскую улицу
Это такая дорога
Связывающая между собой
Кожухово и Новокосино
Дорога посреди пустынных мест
Вокруг как-то ничего нет
Какие-то пустынные пространства
Или какие-то гаражи, что ли
Какие-то сараи непонятные
В общем, что-то такое неопределенное
Что-то такое, что мы любим
В нашей России
Непонятно что

Россия, в значительной своей части
Это непонятно что
Едешь, смотришь — и не понимаешь
Что это такое, что же это такое
А потом понимаешь
Что это — просто фрагменты жизни
Не хорошие и не плохие
Автобус долго, быстро, с воем
Едет сквозь вот это все
Это очень дорогие минуты
Это такой кусок России
Состоящей на очень много процентов
Непонятно из чего
Из вот таких странных кусков

Салтыковская улица заканчивается
Вернее, она не заканчивается
Она продолжается дальше, вперед
Но автобус 14
Поворачивает налево
На улицу Николая Старостина
А потом направо
На Новокосинскую улицу
И на следующей остановке
«Новокосинская улица, дом 10»
Надо уже выходить
Потому что именно здесь
Находится магазин «Отдохни»

В магазине «Отдохни»
Происходит покупка
Белого сухого вина
Дешевого, в пакетах
Испанского или итальянского
Оно хорошее, в принципе
Но такое, простое
А что вы хотите
От вина в пакетах
Приобретается обычно
Четыре литровых пакета
На всякий случай
Чтобы был запас

Три пакета упаковываются
В рюкзак
А один — в пакетик
Чтобы из него пить
Идти и пить

Это одно из главных
Московских удовольствий
Идти по московской улице
И отхлёбывать вино
Из винного пакета
И вот так и делается
В описываемом случае

Спасибо, спасибо, большое спасибо
Вам спасибо, всего доброго
Приходите к нам еще

И дальше начинается
Прекраснейшая прогулка
До метро «Новокосино»
Или до железнодорожной станции
Реутово
Разница небольшая
И то, и другое полезно
В плане физической активности
Ну, неважно
В общем, с пакетом вина в руке
Начинается движение
В сторону станции метро
«Новокосино»
По улицам района Новокосино
Вернее, по одной улице
Новокосинской
Мимо маленьких магазинчиков
Мимо больших домов
Сияющих уютными окнами
Вообще, вокруг море
Сияющих уютных окон
Идешь в море
Сияющих уютных окон

Доходишь до перекрестка
Новокосинской улицы
И Суздальского проезда
Переходишь Суздальский проезд
И идешь дальше
По Новокосинской улице
Которая стала за все эти годы
Какой-то невозможно, мучительно
Родной
Хотя, вроде, и не живешь на ней
И это, вроде, посторонняя улица
Но есть такое ощущение
Что если надо будет
Буду отстаивать эту улицу
Это странную, вернее обычную
Улицу
С огнестрельным оружием
До победного конца
Если не будет этой улицы
Что-то очень важное исчезнет
Должна она всегда быть
Это простая Новокосинская улица

И, в общем
Идешь дальше
По Новокосинской улице
Мимо маленьких магазинчиков
Мимо киосков с мороженым и семечками
Они до сих пор работают
В этот уже поздний час

Это славная черта Москвы
Все работает допоздна
Москва — город, который никогда не спит
И это проявляется даже в Новокосино

Супермаркет «М-Видео»
Кафе «Шарманка»
Множество маленьких магазинчиков
Отделение Сбербанка
Как же тут уютно

И вот, наконец, доходишь
До станции метро «Новокосино»
Можно, в принципе
Прогуляться еще до станции Реутово
Но обычно лень
Хотя и не всегда
Но обычно — да, лень
Садишься на скамеечку
На остановке
И ждешь автобуса 14
Медленно, тихонечко
Отхлебываешь вино
И ждешь, ждешь
Автобуса 14

И вот он появляется

В автобусе 14
Тепло, уютно
Особенно это ощущается зимой
Обычно удается занять
Сидячее место
И автобус 14
Устремляется в обратный путь
Сначала по вечерне-уютной
Новокосинской улице
Потом немного по улице
Николая Старостина
Основателя ненавистного «Спартака»
Ну это ладно, другая тема
Это уже край района Новокосино
С одной стороны — уютные дома
С другой — темная, мрачная пустота
Автобус 14 сворачивает
В эту темную, мрачную пустоту
И несется сквозь нее
Этим он и прекрасен
Большинство автобусов
Едут сквозь освещенную цивилизацию
Дома, домики
Огни, огни
А автобус 14

Обычный, вроде бы
Городской автобус
Несется с воем
По какой-то практически пустыне
Темная темень, редкие огни
Не освещающие почти ничего
Только какую-то унылую пустоту
Автобусный уют
Мчащийся среди неуютной пустоты
И как-то тревожно это все
И как-то красиво
И как-то прекрасно
И как-то даже знаете как
Как-то вот так:
Без этого пустынного
Бессодержательного
С автобусным воем
Преодолеваемого пространства
Не было бы в жизни
Чего-то очень важного
Эти бесконечные, бесчисленные
Поездки на автобусе 14
Из Кожухово в Новокосино
И обратно
Подарили что-то очень важное
Что не обозначить словами
И даже не осмыслить
Просто — без этого бы не было
Вот такой, как она есть
Жизни

Тьма сменяется морем огней
Это Кожухово началось
Большой новый район
Население — 80 тысяч человек
Автобус 14 едет по Святоозерской улице
Большинство пассажиров выходит
Автобус 14 едет
Посреди уютного
Кожуховского вечернего тепла
Еще несколько остановок
И надо уже выходить.

Вышел

Бывает, что хочется посидеть
На остановке
Не потому, что не хочется домой
А потому, что хочется
Продлить это состояние поездки
Короткой и вроде бы
Не особенно интересной
Но хочется продлить ее
Хочется продлить ее
И даже иногда мелькает мысль
Что хорошо бы снова поехать
В Новокосино

Потому что
Два состояния
Милы мне
Ожидание автобуса 14
И поездка на автобусе 14

Хотя, вроде бы
В обоих этих состояниях
Нет ничего особенно интересного.

Наземный транспорт

Городской пассажирский транспорт
Так называемый наземный транспорт
Есть еще подземный
А есть наземный
Подземный и наземный
Транспорт
В данном случае
Речь идет о наземном

Автобус один
Люди сели, едут
Автобус шестьсот тридцать
Люди едут, стоя и сидя
Автобус пять с половиной
Люди едут
Кто-то сидит, а кто-то и стоит
Кому уж как повезло
Автобус два умножить на три целых четыре десятых
В середине салона
Группа подростков
Ну короче все пошли в чайку
А Паша-то был
Короче они все в общем пошли
А мы короче не пошли
В общем
И группа подростков
Выходит из салона автобуса
Или продолжает ехать
Какая разница
Мы этого не знаем
Автобус восемьсот тридцать два
Пять тысяч четыреста восемьдесят одна
Десятитысячная
Или десятитысячных, как правильно
Следует по совершенно прямому маршруту
По совершенно прямой, как стрела, улице
От станции метро «Площадь Параллелепипедов»
До станции метро «Эх, заряжай»
Улица называется Партизан
И непонятно

То ли это улица некоей группы
Которую можно обозначить словом «партизаны»
То ли имеется в виду
Какой-то один партизан
Или даже так — Партизан
Может быть, очень великий
Выдающийся партизан
Этого никто не знает
Автобус все время пустой
Практически пустой
Только одна старушка дремлет
Интеллигентная старушка
В шляпке чуть ли не с вуалью
Но конечно не с вуалью
А просто в шляпке
Да даже и не в шляпке
А просто так, без всякой шляпки
А просто в платочке
Или в нелепой шапочке
Или вовсе даже без шапочки
Нет, впрочем
Шапочка должна быть
Хотя бы шапочка
Но не шляпка с вуалью, конечно
И вот старушка в шапочке просыпается
Салон автобуса
Совсем пуст
Старушка подходит к кабине водителя
И спрашивает
Скажите, а когда будет остановка
Мягкий завод
Водитель молчит
Сосредоточенно смотрит вперед
Следит за дорогой
Скажите же
Когда будет Мягкий завод
Когда мне выходить
Водитель молчит
И внимательно следит
За ситуацией на дороге
Водитель молчит
Руки на руле

Ну почему же вы молчите
Ну скажите же
Ну когда же, когда
Будет вожделенный
Мягкий завод
Водитель, не поворачивая лица
И не переставая следить
За дорожной ситуацией
Говорит не скоро еще
Потом
Ну когда же, когда
Потом, после
Отвечает водитель
И подруливает к остановке
Улица Небрежно Одетых
В автобус входит
Очень тщательно одетый
Немолодой господин
Элегантная телогрейка
Начищенные до блеска
Кирзовые сапоги
Ну скажите хотя бы вы
Ну скажите же
Скоро ли будет Мягкий завод
Ну он вообще-то туда не идет
Отвечает тщательно одетый господин
Это вам надо выйти
Через сто восемьдесят две остановки
На сто восемьдесят третьей
Она называется, ох, как же она называется
Кажется, ПХБЭЭЖМ №388-9
Как-то так, я точно не помню
Или ПХБЭЕЖМ №399-8
Ну спросите там
Перейти дорогу
И сесть в трамвай Ъ
Ну а там уж как повезет
Ой, спасибо
Спасибо вам большое
Молодой человек
Значит, на сто восемьдесят третьей
Вот спасибо, буду знать

И старушка в нелепой шапочке
В шляпке с несуществующей вуалью
Закрывает глаза

Автобус квадратный корень
Из шестисот семидесяти пяти
Автобус семь
Автобус три
Автобус восемьсот три тысячи
Четыреста пятьдесят семь
Автобус двадцать пять
Автобус три четверти
Автобус пять восьмых

Все знают троллейбус Б
Он следует по Садовому кольцу
По правильному кругу
Протяженностью 16 километров

А есть еще, например
Троллейбус Й
Он идет не по кольцу
А по очень сложной траектории
Это такой многоугольник
С очень многими углами
И маршрут его не всегда предсказуем
Человек входит в троллейбус Й
Вскакивает почти на ходу
Стремительный и легкий
Такой весь прямо вот спортивный
И спрашивает у водителя
Скажите, до Туповатых доедем
Водитель молчит, выруливает с остановки
Эй, идете до Туповатых
Водитель нехотя поворачивается
Ну что вы кричите
Откуда я знаю
Доедем или не доедем
Поедем, а там видно будет
Ну как, ну как это можно
Есть ведь маршрут
Доедем мы до Туповатых или нет

Водитель молчит
Следит за дорогой
За дорожной ситуацией
За сигналами светофоров
Красный, желтый, зеленый
Надо ехать внимательно
Следить за дорогой
И не создавать
Аварийных ситуаций

Или вот еще, например
Троллейбус 3887 зеленый
Еще есть синеватый
И голубой
И голубоватый
Это более короткие маршруты
Хотя, как сказать
Есть маршрут 3887 пурпурный
Протяженностью 418 километров
Но это отдельная история
В общем, мы сейчас
Говорим о маршруте 3887 зеленый
Едут люди
Куда-то там
Например, до метро Медведково
Или до метро Свиблово
Или, скажем, до микрорайона Утлое
Или, допустим
До магазина «Загон»
Или до Дома культуры Лишенных обоняния
Приходится часто ездить
Этим маршрутом
И вот недавно
Ехал себе, ехал
И на соседнем сидении
Через проход
Сидела какая-то женщина
Ничем не примечательная
И все время, всю дорогу
От станции метро Свиблово
До проспекта Недостаточно Крепко Связанных
Она говорила по телефону

Диктовала какие-то аббревиатуры
ГНБППХХЭ
Нет, не ГГ, а ГН
Ну я же говорю
ГНБППХХЭ
Да, вот так, правильно
И еще запиши
РРЭБиЗВННГиА
Ну что непонятно
РРЭБ
По буквам: Рэ, Рэ, Э, Бэ
Ну блин
Давай именами
Ромуальд
Роланд
Эрнест Хемингуэй
Да нет, это просто Э
Ну чтобы тебе было удобнее
Ну просто Эрнест
Нет, Хемингуэй не надо
Нет, ну что ты привязалась
Ну просто Эрнест
Потом Бригитта
Потом маленький Ипполит
В смысле, маленькая буква
Ну при чем тут Ипполит
Ипполит может быть
Сколь угодно большой
Но буква маленькая
А остальные большие
Записывай дальше
Зулейха
Ну, Зулейха
Не знаешь, что ли, такого имени
Ну, будешь знать
Вова
Никодим
Никифор
Ну нормальные имена
А какие тебе
Николай
Ну да, можно и Николай

Дальше
Геродот
Ну что тебе не нравится
Ну что значит нормальные имена
Чем тебе не нравится имя Геродот
Давай, две буквы остались
Небольшой Иеремия
В смысле, маленькая буква
Да ничего я не издеваюсь
Ну а что тебе еще сказать
Я даже не знаю
Какие еще имена на И
Ну я даже на знаю.
Ничего, кроме Иеремии, не приходит в голову
Ну, Иезекииль еще
А, Игорь
Ну да
Странное имя
Ну хорошо
И еще последняя буква
А
Ну тут можно без имени
Нужно имя?
Ну а
Арина Родионовна
Нет, она не Орина
А Арина
В общем, РРЭБиЗВННГиА
Видишь, как просто
И вот это еще
ЦГГФ

Это больше невозможно слушать
И я вышел на ближайшей остановке
Посреди каких-то сараев, заборов
Среди какой-то очень унылой пустоты

Знаете, тут я должен признаться
В одной вещи
Я совершенно утратил
Нить повествования
У меня была какая-то идея

Но ее нет. Увы, ее нет
Текст зашел в тупик
Я не знаю, в какую сторону
Его продолжать
Мне казалось, есть какой-то смысл
В этих описаниях маршрутов
По большей части выдуманных
Какое-то получится из этого высказывание
Какое, интересно
Совершенно непонятно
Никакого высказывания не получилось

Просто я очень люблю
Общественный транспорт
Наземный транспорт
Города Москвы
Других городов тоже
Но Москвы — просто до дрожи
Всегда вхожу в автобус
С некоторым внутренним трепетом
В троллейбус вхожу с восхищением
В трамвай поднимаюсь
С тихим восторгом
И еду, и еду
И это так прекрасно
И вот теперь
Даже не знаю, что сказать

В окно видны
Улица Дмитриевского
Кусочек Лухмановской улицы
И Косинское шоссе
По ним едут
Автобусы восемьсот семьдесят два
Восемьсот пятьдесят пять
Восемьсот сорок один
Четырнадцать
Шестьсот тринадцать
Восемьсот восемь
И так далее

И что из этого
Едут они и едут

Никому не мешают
Перевозят людей

И в них происходят такие разговоры
Ну ты слышишь меня, слышишь
Ну она дура, короче,
Мы первую пару пропустили
Олег, слышишь меня, слышишь меня
Мы все проплатили до тринадцатого
Все проплачено, и пусть они
Ну это самое

И вот на этом месте
Мы, пожалуй, и закончим
Нужен, конечно, какой-то финал
Какое-то, так сказать
Закругление
Но его нет

Я прихожу на остановку
Некоторое время жду
Не очень большое время
Несколько минут
Здесь очень маленькие интервалы
Движения автобусов
Они ходят очень часто
Практически как поезда метро
Очень, очень часто
Проходит две или три минуты
И подходит автобус
Восемьсот семьдесят два
Или восемьсот пятьдесят пять
Один из них
Какой-то из них
Народу совсем мало
Масса свободных мест
Сажусь на свободное место
И еду торжественно, торжествующе
Сначала две остановки
На улице Дмитриевского
Входят мама с дочкой
Неотличимые друг от друга

И входит еще стремительный парень
И стремительно пролетает через салон
И стремительно садится
На заднее сиденье
Автобус выруливает
На Косинское шоссе
И стремительно несется
Мимо серой пустоты
Мимо трех серых жилых домов
Мимо района (села) Косино
По мосту через МКАД
Автобус въезжает
В район Выхино
Едет некоторое время
По Косинской улице
Потом поворачивает направо
Разворачивается
И вот конечная
Станция метро «Выхино»

На этом поездка на автобусе
Заканчивается
Поездка на наземном транспорте Москвы
Заканчивается
Дальше будет поездка
На подземном транспорте Москвы

Но это уже совсем другая история.

Селтик

Раньше, когда-то давно
Я делал так
Поздними вечерами
Когда назавтра
Не надо было рано вставать
Когда можно было себе
Что-то позволить
Я делал так
Когда было время
И было немного лишних денег
Я делал так

Покупал алкоголь
И какую-нибудь жидкость
Для запивания ею алкоголя
Или для разбавления ею алкоголя
Обычно это были
Литр водки
И два литра тоника швепс
Мутного (лимонного)
Или прозрачного (просто тоника
Горького такого, обычного)
Ставил соответствующие сосуды
Рядом с компьютером

Это были хорошие вечера
Поздние вечера
Тишина и умиротворение
Часов одиннадцать вечера
Или двенадцать

Врубал игру Championship Manager
Это такая игра
В которой играющий
Выступает в роли
Тренера футбольного клуба
И одновременно менеджера
Организовывать тренировки
Назначать состав и тактику на игры
Продавать и покупать игроков

И даже участвовать в пресс-конференциях
В общем, интересно
Это гораздо интереснее
Чем игры, где игрок сам играет
В футбол или какую-то другую игру

Почему-то всегда играл
За команду Селтик (Глазго)
Бело-зеленую католическую команду
За нее болеют кельты
Шотландцы, ирландцы и валлийцы
И католики
Это строго католическая команда
А главный ее соперник
Глазго Рейнджерс
Протестанты и лоялисты
Сторонники Англии и Британской Империи
В ее нынешнем виде
Не знаю, что именно
Обусловило этот выбор
Может быть, то
Что католики в целом
Как-то ближе, чем протестанты
Вернее, католицизм
Ближе, чем протестантизм
Ну, конечно, ближе
Протестантизм — это уже совсем <...>
А католицизм — это еще ничего
Какие глупые, в сущности, рассуждения
Но, тем не менее
Действовали какие-то вот такие
Соображения

И одновременно врубалась музыка
Не просто музыка
А Янка Дягилева
Всегда именно она, только она
И начинались вот эти два процесса
Управление командой Селтик
В чемпионате и Кубке Шотландии
В Лиге Чемпионов
И прослушивание

Песен Янки Дягилевой
И, конечно, употребление алкоголя
Водки, смешанной с тоником
Лимонным или обычным, простым

Предсезонные тренировки
Покупки игроков
Товарищеские матчи
Ничего не значащие

Отхлебывание алкогольной смеси

Понеслась по кочкам метла
Поплыли туманы над рекой
Утонуло мыло в грязи
Обломался весь банный день
Обманули дурачка
Обманули дурачка

Наконец, состав сформирован
Приходит время начала сезона
И вот первый матч
С какой-нибудь захолустной
Шотландской командой
Сент-Миррен
Или Инвернесс
Например, в гостях
Представлялись эти маленькие
Шотландские городки
Маленькие старые стадиончики
Почему-то это было интересно
Хотя, что в этом интересного
И Селтик выигрывал 2:0, или 4:0

На дороге пятак
Руки дернулись вверх
Кто-то плюнул в песок
Покатилось шаром

Потом еще одна победа
Дома над каким-нибудь Абердином
А Рейнджерс, главные враги
Уже потеряли очки

Все полы, все углы
Подмели языки
Не разулся у входа
Пришел ночевать
До утра провалялся
В аду да в бреду
А к утру провалился
К паршивым чертям

Третья, четвертая победа
Мы лидируем, Рейнджерс отстают
Мелькают маленькие шотландские городки
Пять тысяч зрителей, шесть тысяч зрителей
Практически как у нас, в России
Унылая, милая шотландская провинциальность
Зато на матчах Селтика
Все время по пятьдесят тысяч
Славься, славься, Селтик наш зеленый
И приятно было, что приходит
Каждый раз по пятьдесят тысяч
Как будто это настоящие люди
Настоящие кельтско-шотландско-католические люди
А не просто комбинации единиц и нулей
О, какое же это пошлое словосочетание
Комбинации единиц и нулей
И тем не менее, это так
А все равно приятно
Приятные это комбинации единиц и нулей
Вся разница в том
Что есть приятные комбинации
Единиц и нулей
И неприятные комбинации
Их же
И не надо сильно умничать
Особенно если играешь в игру
Championship Manager
Пьешь водку с тоником
И слушаешь Янку Дягилеву

А вот и цена и весна
И кровать и стена
А вот чудеса небеса
Голоса и глаза

Близится к концу завершение
Первого круга
Трудная победа в гостях
Над Ливингстоном, 2:1
Трудная победа дома
Над Мозервелом, 1:0
Рейнджерс отстают на два очка

По глазам колючей пылью белый свет
По ушам фальшивой трелью белый стих
По полям дырявой шалью белый снег
По утрам усталой молью белый сон

Каждый раз останавливался в этом месте
Прекращал играть
По полям дырявой шалью белый снег
По полям дырявой шалью белый снег
По полям дырявой шалью белый снег
По полям дырявой шалью белый снег
Как это прекрасно сказано
Как это шестью словами описано
То, что мы все
Сто раз, тысячу раз видели
По полям дырявой шалью белый снег
Да, как-то удивительно

Ну да ладно
Уже выпито не очень маленькое
Количество алкогольно-тониковой смеси
И надо играть дальше
Слушать дальше
И, да, пить дальше

Еще одна победа, неожиданно легкая
Над Данди Юнайтед, 4:0
Силы игроков тают
Все труднее даются игры
Травмы, удаления, потери
И приближается главная игра первого круга
И всего чемпионата
С Глазго Рейнджерс
Главными, непримиримыми врагами

Стадион Селтик Парк
Пятьдесят тысяч зрителей
Еще за два часа до матча
Заполнили стадион
И непрерывно поют гимны
Во славу своего бело-зеленого клуба
Такая преданность есть только в Шотландии
Выпито уже довольно много алкогольной смеси
И все это воспринимается как нечто реальное
А не как комбинация единиц и нулей

А слепой у окна сочиняет небесный мотив
Счастливый слепой учит птичку под скрипочку петь

Наконец, игра начинается
И звучит, звучит музыка
И звучат слова

Крестом и нулем
Запечатанный северный день

На двадцатой минуте нам дают пробить пенальти
И мы забиваем, 1:0

Всегда хотел написать рассказ
«Северный день»
Но так до сих пор и не написал

На тридцать восьмой минуте
Эти синие гады
Сравнивают — 1:1
Так и заканчивается первый тайм

От большого ума
Лишь сума да тюрьма

В начале второго тайма
Рейнджерс выходят вперед
Они свежи и бодры
А наши еле бегают
Ну что же это такое
Как же странно устроена
Эта игра

От вселенской любви
Только морды в крови

На шестьдесят второй минуте
Наши сравнивают, 2:2
Уже выпито много алкогольной смеси
И уже полностью утрачено
Понимание, что это всего лишь
Единицы и нули
Уже почти утро
Крики Йес, Ура, Аааа
Какая дикость
А музыка все звучит

Параллельно пути
Черный спутник летит
Он утешит, спасет
Он нам покой принесет

На семидесятой минуте
Судья (единицы и нули)
Назначает пенальти в наши ворота
Да что же это такое
Ну почему все время все так
И они не забивают
Аааааа

Собирайся народ
На бессмысленный сход
На всемирный совет
Как обставить нам
Наш бред

Матч приближается к концу
Ничья 2:2, и это, в общем-то
Не так уж плохо
С учетом того, что
Рейнджерс отстают от нас
На два очка

Вторая добавленная минута
На экране появляется голевой момент

Наш голевой момент
Мы можем забить

*Посидеть, помолчать
Да по столу постучать*

Игрок Селтика прорывается к воротам

*Накинуть старый мундир
Протертый кем-то до дыр*

Мне все кричат — берегись

И забивает гол
Мы все-таки выиграли
Ура, повержен главный соперник
У нас теперь отрыв в пять очков от Рейнджерс
Но радости уже никакой нет
Нет сил радоваться
Несмотря на еще оставшуюся
Алкогольную смесь

*Мне все кричат — берегись
Мне все кричат — берегись*

Дальше — пустота
Надо теперь сохранить игру
Завтра или послезавтра
Или в другой удобный день
Можно будет продолжить
С этого же места
С победы над ненавистными Рейнджерс
Над этими ненавистными
Единицами и нулями
А сейчас надо лечь спать
Организм тогда был бодр и радостен
И после трех или четырех часов сна
Он (организм) вскакивал бодро
И приступал к своим ежедневным занятиям
Работе и так далее

Совершенно бессмысленное было занятие
Эти вот игры с алкоголем
Под страшную музыку Янки
Даже и не подведешь никакого итога
И не скажешь
Что, собственно, имел в виду автор
Написав все это
Ну что в этом хорошего или интересного
Не знаю что, но вот факт:
Эти странные и вредные для здоровья ночи
2002 — 2004 годов
С этими дурацкими играми
В сочетании с этими великими песнями
Оставили такой след в жизни
Что... ну дальше мы не будем рассуждать
Какой они след в жизни оставили
Говорят, когда человек умирает
Перед его мысленным взором
Проносится вся его жизнь
И вот когда она будет проноситься
Эти эпизоды 2002 — 2004 годов
Вспыхнут яркой вспышкой
И за это заранее спасибо им, этим эпизодам

А дальше непонятно, что сказать
Или написать
Нет привычного закругления
Да и не надо
И поэтому текст будет просто окончен
Все, текст окончен

Превращение

Проснувшись однажды утром
После беспокойного сна
Грегор Замза обнаружил
Что он у себя в постели
Превратился в насекомое
Но не в «страшное»
Как в знаменитом рассказе Ф. Кафки
А в обычное такое, маленькое
Насекомое
Не в огромное, как у Ф. Кафки
Занимающее всю кровать
А в крошечное, типа таракана
Посреди огромной кровати
Бывает, таракан заползет в кровать
Так и тут, так и тут
Но это, конечно, не таракан
Другое насекомое
Похожее на таракана
Назовем его — насекомое грегорзамза
Мало чем отличимое от таракана
Вообще ничем

Обнаружив себя
Посреди огромной кровати
Насекомое грегорзамза
Поначалу обеспокоилось
Как же так, надо же ехать
В командировку
Поезд отправляется в пять утра
А уже без четверти семь
Как же это так
Не услышал будильника
Как ужасна профессия коммивояжера
Что же делать

И мать стала осторожно стучать в дверь
Грегор, уже без четверти семь
И отец тоже стал стучать
Тоже осторожно, но кулаком
Грегор, Грегор, в чем дело

И сестра жалостливо спрашивала
Грегор, тебе нездоровится?

Но грегорзамза очень быстро осознал себя
Маленьким насекомым
Мысли о превратностях коммивояжерства
Быстро покинули его хитинную голову
Родственные чувства
Растаяли в утреннем тумане
Грегорзамза быстренько добежал
До угла кровати
Резво спустился по ножке кровати на пол
И начал обследовать новую реальность
Свою обычную маленькую комнату
Фасеточным взглядом посмотрел
На портрет в золоченой рамке
На портрете была изображена
Дама в меховой шляпе и боа
Она сидела очень прямо и протягивала зрителю
Тяжелую меховую муфту
В которой целиком исчезала ее рука

Да пофиг
Подумал грегорзамза
И это была его последняя
Человеческая мысль

Грегорзамза оббежал комнату по периметру
Нашел хлебную крошку, съел
Странный такой способ поедания
Странный вкус
Так приятно, так хорошо
Новые ощущения
Еще одну крошку нашел
Как же приятно это насыщение
В общем, можно ведь жить
Да, жить можно
И еще какую-то хрень нашел
Возможности поедания
Практически беспредельны

Тем временем все всполошились
Грегор, открой
Грегор, Грегор
У грегоразамзы теперь другая реальность
Крошки и все вот это
Приперся управляющий
Почему Грегор не поехал
Пятичасовым поездом
Грегору нездоровится, господин управляющий
Надеюсь, ничего страшного
Впрочем, нам, коммерсантам
Не пристало болеть
Такая уж наша работа
Да, господин управляющий
Грегор, открой, Грегор, Грегор
Грегорзамза тем временем
Обнаружил труп мухи
О эти новые, невыразимые
Вкусовые ощущения

Наконец, взломали дверь в комнату
Бывшего Грегора Замзы
И никого не обнаружили
И дальше мучительные дни неизвестности
Что с ним, где он, что вообще происходит
Тем не менее, семейство продолжает есть, питаться
Новые крошки, фрагменты пищи
Падают на пол
Грегорзамза освоил уже всю квартиру
Великий мир Многообразия Крошек
Открылся перед ним
Новый прекрасный мир

У грегоразамзы все хорошо
Только иногда всплывут
В насекомом сознании
Слова «образцы сукна»
Или «поезд в три пятнадцать»
Но это так, мелочи
Следы бывшей, бессодержательной жизни
В которой не было крошек

Не было трупиков мух
И новых вкусовых ощущений

Искать уже перестали
Отец целыми днями
Читает газету и пьет
С утра пиво, а ближе к вечеру
Что-нибудь крепкое
Мать тихо сошла с ума
Ходит, улыбается
Гладит рукой фарфоровую статуэтку
Изображающую как бы что ли
Какую-то пастушку
Или непонятно кого
И говорит — Грегор, Грегор
Сестра посерела, постарела
Даже как-то сморщилась
Хотя, в ее возрасте
Не положено вроде бы сморщиваться
Сидит все время с книгой
(Тут есть большой соблазн написать
Что с книгой Ф. Кафки, но нет
С какой-нибудь другой книгой
Например, Р. Музиля
Человек без свойств, допустим)

И нет у этих людей облегчения
Которое они все испытывают
Когда, наконец, подохло
Это огромное насекомое
Из рассказа Ф. Кафки
Нет у них загородной поездки
На трамвае
И дочь не поднялась в конце поездки
И не выпрямила свое молодое тело
Оно у нее теперь не молодое
Нет у нее теперь тела
И с душой тоже проблемы
Лицо сморщилось
И слезные протоки окончательно пересохли

Все заканчивается тем
Что сестра заходит в комнату Грегора Замзы
Просто так, она периодически
В нее заходит, просто так
Без всякой цели
И случайно наступает
На грегоразамзу
Который как раз нацелился
На очередную хлебную крошку
Или на очередной трупик мухи
Раздается неприятный хруст
Сестра отдергивает ногу
Совершает трущие движения
Подошвой об пол
На полу остается след
От грегоразамзы
Жидко-хитинный след
В этом месте есть соблазн написать
Что сестра якобы «что-то почувствовала»
Но нет, она ничего не почувствовала
Кроме брезгливости и досады
Надо будет сказать служанке
Пусть уберет

Служанка все убрала
И почти вертикальное страусовое перышко
На ее шляпе
Всегда раздражавшее господина Замзу
Покачивалось во все стороны.

ВЛ10

Сидел на скамейке
На платформе Выхино
И мимо проехал
Электровоз ВЛ10
Грузовой электровоз
Использующийся и в пассажирском
Движении
Зеленый
До сих пор не перекрашенный
В корпоративные красно-серые цвета
РЖД
Он ехал один, без вагонов
По каким-то служебным делам
Громко и весело прогудел
Быстро и весело проехал
И устремился в направлении
Платформы Косино

Ничего не значащее атомарное событие
Описываемое простым, атомарным предложением
«Проехал электровоз»

Но можно посмотреть на это событие
По-другому
Например, так

Долгое, неподвижное
Сидение на скамейке
На платформе Выхино
Со стороны Вешняков
Приближается электровоз
ВЛ10
Он движется очень стремительно
Но время тянется очень долго
Сначала показалась точка вдали
Точка, точка
Вот уже это несколько более крупная точка
Хотя, как точка может быть
Более или менее крупной
Точка не имеет размера

Этому учили в школе
На уроках геометрии
Тем не менее
Точка очень медленно
Становится более крупной
Еще более крупной
Время тянется
Вот уже и не точка
А что-то такое
Вроде бы движущееся
Это что-то приближается
Оно кажется неподвижным
Но время идет, идет
И это что-то постепенно
Становится электровозом
ВЛ10
Вот он, электровоз ВЛ10
Он еще далеко
Но уже видно
Его плоскую зеленую
Физиономию
Как долго тянется время
Электровоз в пятистах метрах
От точки наблюдения
Светит солнце
Летят птицы
Электровоз еще немного приблизился
Метров триста уже до электровоза
Он приближается рывками
Как в видеофайле
Низкого качества
Сто метров
Девяносто пять метров
Девяносто
Нарастает тревога
Плоская зеленая физиономия приближается
Еще три метра пролетел электровоз
Еще на полтора метра приблизился

На дальнем пути
Стоит красно-серая электричка
Народу мало

По платформе бежит
Женщина в обуви на каблуках

Рев нарастает
Грохот нарастает
Электровоз пролетел
Еще сорок сантиметров
Он уже рядом

Женщине неудобно бежать
Высокие каблуки
Но она бежит
Она отталкивается одной ногой
И перед приземлением на другую ногу
Она зависает над поверхностью Земли
И, можно сказать, летит

Пока она летит, электровоз
Преодолевает еще
Тридцать пять сантиметров
Скорость его огромна

Женщина приземляется на ногу
Обутую в обувь на высоком каблуке
И снова отталкивается
И снова летит

Электровоз ВЛ10
Преодолел еще двадцать восемь сантиметров
Он стремительно надвигается
Тревога все нарастает
И превращается в панику
Лицо электровоза совсем рядом
Оно изменилось
Электровоз несется стремительно
Преодолевая сантиметры
Он грохочет и дрожит
И лицо его в какой-то момент
Обретает какое-то особое выражение
Оно перекошено судорогой
Отчаяния и ненависти
В нем сейчас воплотилась ненависть

Мировая, глобальная ненависть
Всех неодушевленных предметов
Так называемых неодушевленных предметов
Ненависть к миру людей
Все отчаяние, вся скорбь предметов
Неценимых, неуважаемых
Угнетаемых, используемых
Предметов, к которым написаны
Инструкции по эксплуатации
Брошенных предметов
Оставленных, забытых
Уничтоженных и переработанных предметов
Нелюбимых и никому не нужных

Женщина на высоких каблуках
Летит, и снова летит

Паника, ужас
Вроде бы, бояться нечего
Скамейка стоит на платформе
А электровоз проезжает мимо
Нечего бояться
Но кажется, что ненависть электровоза ВЛ10
Сейчас уничтожит наблюдателя
Электровоз приблизился еще на десять сантиметров
И загудел
Сначала это напоминает какой-то писк
Или человеческий голос
Электровоз стремительно приближается
Десять сантиметров, пять сантиметров
Звук нарастает
И наполняет собой все
Нет ничего, кроме этого звука
Это не гудок, не сигнал опасности
Это какой-то вой, вопль
В котором весь тысячелетний ужас
Металлических, пластиковых
Стеклянных и деревянных устройств
Предметов, штуковин
Вещей этого мира

Женщина все взлетает и падает
На своих высоких каблуках
Взлетает и падает

Вопль электровоза ВЛ10
Пролетающего следующие три сантиметра
Выносить уже невозможно
Кажется, сейчас он своей звуковой вибрацией
Разметает вагоны электрички
Разрушит высокие корпуса
Государственного Университета Управления
А от наблюдателя, сидящего на скамейке
Останется только влажный след
Только тень, подобная теням
Которые остались
От некоторых жителей Хиросимы
В 1945 году
И мелькает мысль
Что вот, кажется, сейчас все и закончится
Как-то нелепо и странно
Прямо скажем, глупо
Заканчивать жизнь
На платформе Выхино
Тем более, что можно было и не сидеть
Потому что уже приехал
И сидел просто так, неизвестно зачем
Можно было спокойно идти себе
К конечной остановке автобусов 855 и 872
И ехать себе в свое Кожухово

Женщина отталкивается, летит
Приземляется и снова летит
И на некоторое количество сантиметров
Приближается к открытой двери электрички

Наконец электровоз ВЛ10
Поравнялся с наблюдателем
Он несется на бешеной скорости
В кабине не видно машиниста
Это потому что солнечный блик
Упал на стекло
Вой стал уже абсолютным

Кажется, более громкие звуки
Физически невозможны
И барабанные перепонки
Говорят своему обладателю
Чувак, мы уже больше не можем
Слышать вот это
И глаза говорят голове
В которую они вмонтированы
Дорогая голова, мы все понимаем
Но мы никогда не видели
Ничего более страшного
И мы сейчас лопнем
И сердце говорит своему носителю
Парень, я уже не могу
Выносить ненависть вещей

Раздается щелчок
Не в голове, а просто — раздается щелчок
И электровоз ВЛ10
Резво, весело и деловито
Убегает по направлению к платформе Косино
И станции Люберцы I
И весело гудит
Громко, но как-то приятно
У электровоза добродушное лицо
Плоское, но какое-то хорошее
Как у квалифицированного рабочего
Лет пятидесяти
Который в свободное от работы время
Любит почитать исторические романы
О судьбах Отечества
Пикуля, например
В задней кабине сидит человек
В железнодорожной форме
Он машет наблюдателю рукой
И показывает большой палец
Типа, все круто, брат

Электровоз ВЛ10 быстро превращается в точку
Точка быстро превращается в отсутствие точки
Женщина, цокая каблучками
Добегает до открытой двери электрички

И думает: хорошо, что успела
А то следующая только через полчаса
И пришлось бы ехать на метро
С двумя пересадками
Электричка произносит
Осторожно, двери закрываются
Следующая остановка Вешняки
Убегает в сторону Вешняков
И быстро превращается в точку
И в отсутствие точки.

На реках вавилонских

Случайно услышал
Ролик группы Boney M.
Мы все очень любили ее
В детстве и отрочестве
Мелодичная такая
Иностранная, заграничная
Группа Boney M.
Мы все дико любили ее
Непонятно за что
И вот
Как-то выскочил ролик на ютюбе
Группа Boney M.
Песня Rivers of Babylon

Они поют про то
Как их ведут в Вавилон
И просят
Нет, не просят, а требуют
Спеть их песни
Песни сионские

В общем-то, всегда было известно
Что это краткое, вольное
Негритянское изложение
Псалма 136

На реках вавилонских
Тамо седохом и плакахом
Внегда помянути нам Сиона

И сейчас, слушая эту веселую песню
Вспомнил об этом
Да, эта веселая, с приплясываниями
Песня
Это псалом 136
На реках вавилонских

Почему-то всегда
Когда приходилось читать
Этот псалом

Не мог толком читать
И начитал плакать
Да, вот так вот
Это, конечно, стыдно

Аще забуду тебе, Иерусалиме, забвена буди десница моя
Прильпни язык мой гортани моему, аще не помяну тебе, аще
не предложу Иерусалима, яко в начале веселия моего

На этих словах каждый раз
Начинались слезы
Не просто слезы
Судорожные рыдания
Какой-то кошмар
Нельзя же так
Взрослый же человек

Это очень странно
Это было задолго до посещения
Иерусалима

А потом случилось
Посещение Иерусалима
Это была групповая поездка
И не было, конечно, слез
И было хождение по Иерусалиму
По узким улочкам Старого города
И было ощущение нахождения внутри
Какого-то оранжевого шара
Диаметр которого примерно равен
Моему росту
И единственный раз в жизни
Возникло желание сфотографировать
Самого себя
Попросил товарища
Дал ему фотоаппарат
И попросил его сфотографировать меня
На фоне входа в храм
Гроба Господня

После этого я очень долго
Не слышал песню группы Boney M.
Rivers of Babylon

Я еще раз побывал в Иерусалиме
Это уже была индивидуальная поездка
Я остановился в отеле
В Тель-Авиве
И поехал на автобусе в Иерусалим
Зеленые такие автобусы
И приехал в Иерусалим, на автовокзал
Поехал на суперсовременном трамвае
К Старому городу
Вышел на нужной остановке
Прошел немного вперед
И увидел Старый город Иерусалима
Построенную турками желтую стену
Я шел к этой стене
И, ну как бы вам это сказать
Слезы вытекали
Из слезных протоков
С этим ничего невозможно было
Поделать

Ну вот так оно, ну вот так

Перешел улицу, подошел к стене
И просто поцеловал ее
Поцеловал стену Иерусалима

Аще забуду тебе, Иерусалиме, забвена буди десница моя
Прильпни язык мой гортани моему, аще не помяну тебе, аще не предложу Иерусалима, яко в начале веселия моего

Потом вошел в Новые ворота
Посетил все, что нужно посетить
Ходил весь день по Старому городу
Как же там невообразимо хорошо
Не в смысле жить
Это я не знаю
А просто там находиться

Ходил, ходил, и вот уже вечер
Надо идти на трамвайную остановку
И ехать на автовокзал
Вышел через Яффские ворота

Пошел к остановке суперсовременного трамвая
Оглянулся

И уже не стал подходить к стене
И целовать стену
И так было много впечатлений
Накопилась усталость
И пора было ехать домой
Вернее, не домой
А в Тель-Авив
В место временного пребывания

Оглянулся
Темно уже, вечер
Желтые, построенные турками
Стены Старого города
Ярко освещены
При виде этих стен
Несколько часов назад
Произошло выделение слез
Сейчас ничего такого
Устал потому что
И пора ехать в Тель-Авив

И вернулся в Россию
И жизнь продолжилась
С переменным успехом

И вот опять вдруг
Песня группы Boney M.
О вавилонском пленении
О том, как евреев вели в плен
И о том, как ведшие их
Просили их петь
Песни Сионские

Как-то вдруг это случайно
Как-то это вот, непонятно откуда взялось
Вдруг зазвучала эта песня
И вспомнился псалом 136

Яко тамо вопросиша ны пленшии нас о словесех песней и ведшии нас о пении: воспойте нам от песней Сионских. Како воспоем песнь Господню на земли чуждей?

И что тут еще сказать
Пора уже заканчивать это стихотворение

Оно заканчивается
Оно ни о чем
О городе, в котором когда-то был
О любимом городе
Ну или об одном из любимых
Но это не имеет особого значения
Нужно как-то продлевать жизнь
Что-то еще делать
И вот мы стоим
Посреди огромной
Асфальтированной площадки
Рядом с метро «Выхино»
Едем в метро
Идем по улице
Например, Тверская
Или Ленинский проспект
Или еще по какой-нибудь улице
Делаем свои дела
И у нас все плохо, или хорошо

Аще забуду тебе, Иерусалиме, забвена буди десница моя
Прильпни язык мой гортани моему, аще не помяну тебе, аще не предложу Иерусалима, яко в начале веселия моего

The Passenger

Я пассажир
Странно звучит
В нашем языке
Вообще звучит странно
Самопрезентация
Даже «я инженер»
И то звучит странно
А что уж говорить про
Я писатель
Но, тем не менее

Я пассажир
Я еду, и еду, и еду
И там у него в песне поется
Про звезды и про городские окраины
Там еще, в этой песне
Подчеркивается
Что пассажир видит
Убожество
Убожество городских окраин
Дорожные знаки
И чистое небо

Тут можно обнаружить
Нашу близость с Америкой
Действительно, ничего нет
Ближе для нас
Чем Америка
Хотя она на нас не похожа
Совсем не похожа
Вроде бы
Чужда и враждебна

Но это только так кажется
Чтобы понять, что это не так
Надо сесть в любой поезд
Дальнего следования
Отъехать от Москвы
Километров на сто
Пойти в место, где туалет

Там обычно открыто окно
Встать около окна
Смотреть в окно
Наблюдать проносящееся
И здесь хорошо бы
Вставить в уши наушники
И послушать песню Игги Попа
The Passenger

И будут там
Красивое небо
И звезды
И развалюхи на окраинах городов
И вот это ощущение
Что весь этот мир
Принадлежит тебе

Мне и тебе
Мне и тебе

Конечно, с поправкой
У нас, наверное
Не будет ощущения
Что весь этот
Странный, прекрасный
И загадочный мир
Принадлежит
Тебе (и кому-то вместе с тобой)
Нет, в наших краях
Не возникает такого чувства
Типа
Этот мир принадлежит
Мне и тебе
Нет, нет
Нет такого
Просто мы видим мир
Любуемся им
И он не принадлежит нам
Ну и не надо
Почему, зачем
Он должен принадлежать нам
Он не должен, и он не принадлежит

И мы просто наблюдаем его
Мы наблюдаем этот мир
И не нужно, чтобы
Он нам принадлежал
Наверное, в этом разница
Между нами и англосаксами
Им надо, чтобы мир
Принадлежал им
А нам достаточно
Просто его наблюдать

Но тут можно углубиться
В глубокие рассуждения

А важно ведь только одно
Вот это ощущение ветра
Эта радость от того,
Что мимо тебя
Проплывает Реальность
Это ощущение
Что ты пассажир
The Passenger
Что ты осваиваешь, изучаешь
Реальность
И еще вот это ощущение
Близости с американской
Цивилизацией
Ближе которой
У нас нет в мире
Вот этого ощущения
Ветра в лицо
И бескрайнего простора
Впереди
Нет больше ни у кого
Ну разве что у Аргентины
Но она немного не в счет

Из этого не следует ничего
Никаких выводов
Просто есть какие-то вещи
Объективно прекрасные
И родные нам

И вот эта песня
Игги Попа
The Passenger
Она такая
Родная нам
Русская очень песня

И спасибо тебе, Игги Поп.

Я не думал, что будет так

Я не думал, что будет так
Во всех смыслах
Во-первых, не думал
Что Динамо
Вылетит из Премьер-лиги
Никогда ведь не вылетали
А во-вторых, не думал
Что это произведет на меня
Такое сильное, неизгладимое
Впечатление
У нас ведь было
Много возможностей
Вылететь из высшей лиги
Как бы она ни называлась
В разные годы
Премьер-лига
Высший дивизион
Высшая лига
Группа А какая-нибудь
Когда-то там давно
В Советском Союзе
Неважно
Никогда мы из нее
Не вылетали
Много раз
Стояли на краю
Этой пропасти
В шаге от вылета
Из высшей лиги
И не вылетали
Помню еще в детстве
В отрочестве
Год, кажется, 1985-й
Для сохранения места
В высшей лиге
Надо было не проиграть
В гостях Нефтчи (Баку)
Матч показывали
По центральному телевидению
Была страшная

Некрасивая битва
И сыграли вничью, 0:0
Все время думал о вылете
И знал, что мы никогда не вылетим
Было ощущение
Что мы заговоренные
Все, что угодно
Может быть с нами
Кроме вылета
Из высшей лиги
Из высшего дивизиона
Из Премьер-лиги

И вот — вылетели

И как же глупо
Это произошло
Лично для меня
Последняя игра
Дома с Зенитом
Если мы выигрываем
То мы спасаемся
И вот я проспал
Самую важную игру
В жизни
Проснулся в 13:00
А начало в 13:30
И ехать через весь город
Все-таки рванул, поехал
Приехал на Речной вокзал
В это время еще шел перерыв
Сразу вспомнилось
Станция Речной вокзал
Поезд дальше не идет
Очень долго, минут пятнадцать
Ждал 345 автобус
И вот, наконец
Он подъехал
Я сел в него, и он стоял
Стоял
Стоял
Стоял
Стоял

Спросил водителя
Долго ли будет еще длиться
Это эпическое стояние
Водитель ответил
Пятнадцать минут
У меня расписание
У него расписание
Попросил отдать мне
Сорок рублей
И вышел
В этот момент
Динамо проигрывало Зениту 0:2
А Спартак
Наш любимый Спартак
Проигрывал Уфе 1:3
И до конца этих игр
Оставалось минут пять
Потом еще наши пропустили
И стало 0:3
И стало понятно
Что мы теперь уже наконец
Опускаемся в первую лигу
Она, правда, теперь
По-другому называется
ФНЛ
Футбольная Национальная Лига
Какое идиотское название
В этом новом для себя состоянии
Я брел от остановки
До метро Речной вокзал
Эта станция навсегда
Воспета Мирославом Немировым
И символично, что именно здесь
Произошел этот полный
Страшный, абсолютный
Провал

Странное, необъяснимое ощущение
Даже не знаю
Как его обозначить

Доехал до Белорусской, вышел
Добрел до магазина «Отдохни»

Купил пакет
Итальянского белого вина
Сел на скамейку
На остановке 54-го троллейбуса
И долго, долго сидел
Осознавал происшедшее

Ну почему, почему
Почему, почему
Почему это все
Для меня что-то значит
Это Динамо
И этот футбол
Ну что же это такое
Почему эта фигня
Так много значит для меня
Что я сижу и думаю
Как со всем этим быть
Ну почему
Такие мрачные, траурные эмоции
Связаны с этим
Дурацким клубом
Динамо Москва
Какая в этом логика
Какой смысл
Никакой логики
Никакого смысла
Ну подумаешь, вылетел
В первую лигу
Ну, вернется еще
И станет чемпионом
Вылетали же
И становились чемпионами
Спартак, ЦСКА, Зенит
Зенит даже во вторую лигу
Вылетал
И ничего
Сейчас-то вон какие красавцы
И Спартак красавцы
А ЦСКА вообще чемпион
Значит, и у нас
Будут еще
Хорошие времена

Нет, нет
Не будет у нас
Хороших времен
Хотя, по здравому рассуждению
Они, конечно, будут
ФСБшные генералы
Попросятся на прием к Путину
Упадут перед ним на колени
Ударят челом своим
Вернее, челами своими
Не знаю, как правильно
Ударят челами своими
О поверхность Земли
И скажут
Не вели, княже, казнить
А вели, княже, спасти
Наш великий футбольный клуб
Динамо Москва
Впал он совсем в ничтожество
Выбыл в первую лигу
ФНЛ ныне называемую
Виноваты мы, княже
Провинились пред тобою
Лютою коррупциею
Ну так а кто у нас
Ныне не виноват
Повели, княже
Вернуть Динамо наше несчастное
Обратно наверх
Во Премьер-лигу
Так ныне нарецаемую
А ранее называема
Была она
Высшая лига
Или вышка, по-нашему
И Путин сделает
Примирительный жест
Который означает
Ладно, ползите с миром
Будет вам просимое

И Динамо вернется в Премьер-лигу
Но не будет от этого
Ничего хорошего

Это все ладно
Меня другое беспокоит
Написал я книжку
Есть вещи поважнее футбола
Так она называется
Но почему я до сих пор
Не могу прийти в себя
Почему я до сих пор
Не могу сказать себе
Ладно, мол
Проиграли, вылетели
В первую лигу
И ладно
Жизнь моя продолжается
Слава Богу
Почему никак не получается
Это сказать
Я ведь скоро
Бог даст, поеду
В писательскую резиденцию
Опять же, Бог даст
Напишу большой текст
Вернее, мы напишем
С моим хорошим товарищем
Алексеем
И вообще впереди
Много всего хорошего
И вся, можно сказать, жизнь

Почему же сохраняется
Это вот дикое ощущение
От вылета Динамо
В первую лигу
Ощущение
Что вырван какой-то кусок
Из области груди
Он вырван, и теперь зияет

Не в прямом, конечно
Смысле
А в переносном

Случайно узнал
Что, оказывается
Россия проиграла финнам 1:3
На чемпионате мира
По хоккею с шайбой
О, Боже
Какая фигня
Ну какая разница
Кому там проиграла
Или у кого выиграла
Сборная России
Какое это вообще имеет значение
На фоне того,
Что Динамо
Вылетело из Премьер-лиги

Просто выяснилось
Что это настоящая любовь
Настоящая, серьезная любовь
Раньше думал
Что это все не очень всерьез
Ну подумаешь, футбол
Ну подумаешь, какое-то там Динамо
А выяснилось, что всерьез
Ну и ладно
Ну пусть так и будет

И самое глупое сейчас
Это впасть в состояние ресентимента
Махать виртуальным, придуманным флагом
И кричать виртуально, придуманно
Динамо, Динамо, Динамо
Типа, мы еще вернемся
И всем наваляем

Мы, конечно, вернемся
И всем наваляем
Но давайте сейчас

Погрузимся в нашу
Глубокую грусть
В состояние, когда у нас
Нет никаких побед
Никакого величия
Только стыд
И воспоминания
О нашей великой истории
Кто не прошел
Через такую грусть
Тот не знает о жизни
Чего-то очень важного
Так что примем с благодарностью
И не будем роптать
Слава Богу за все.

Бари

Как возникает любовь к городу
Наверное, по-разному
Например, в силу его величия
Или необыкновенной красоты
Или из-за наличия
Большого количества
Памятников истории и архитектуры
Ну а если нет ничего такого
Ни величия, ни красоты
Ни большого количества
Памятников истории и архитектуры
То любовь к городу
Возникает просто так
Случайно, можно сказать

Можно рассмотреть
Возникновение любви
К городу Бари
Столица региона Апулия
По-итальянски — Пулья
Триста тысяч жителей
Хотя местные утверждают
Что пятьсот
Какая, в сущности, разница
Порт на Адриатике
Древний город
Хотя, в Италии
Все города древние
Эка невидаль

Любовь возникла в четыре приема
Приехал в Бари на поезде
Пошел с чемоданом на колесиках
И с рюкзаком
В поисках отеля Виктор
На карте он был близок
Но никак не находился
Дошел уже практически до моря
Море мелькнуло справа
Это означало, что я

Сильно углубился в город
Гораздо сильнее
Чем требовалось
Для отыскания
Отеля Виктор
Середина дня, пусто, малолюдно
Время сиесты
Перед отъездом люди говорили
Что это Юг, там мафия
И надо быть осторожным
Как тут будешь осторожным
Идешь по пустым улицам
И страшно гремишь
Своим чемоданом
На колесиках
Начал опрос населения
Ду ю спик инглиш
(Я и сам-то на нем не очень-то ду)
Отвечают: ну так, более или менее
Скажите, пожалуйста
Где тут улица
Доменико Николаи
Это вон там, сказали одни
Четыре перекрестка назад
К вокзалу
И будет улица
Доменико Николаи
Другие сказали
Это да, там
Но надо пройти
Еще два перекрестка
Третья девушка сказала
Возвращайтесь назад
И рядом с университетом
Обнаружите улицу
Доменико Николаи
И, наконец, четвертый мужичок
На вопрос, где же тут улица
Доменико Николаи
Показал пальцем
На поверхность Земли
И сказал по-русски

Это здесь
Так была найдена улица
Доменико Николаи
Когда по городу
Пройдешь некоторое расстояние
Километр или два
То уже его немного полюбишь
Если нет, то или город
Какой-то очень плохой
Или в душе у тебя
Как-то очень плохо

Да, немного полюбил

Нашел отель Виктор
Присоединился к группе
Российских писателей
Вечером пошли гулять
По городу Бари
Гуляли, гуляли
Набережная, крепость
Старый город, площадь
Перед базиликой Святого Николая
Николая Чудотворца
Красивая романская церковь
Заходим в нее
Джузеппе, наш сопровождающий
Говорит: сейчас просто зайдем
А к мощам пойдем в четверг
А сейчас просто зайдем туда
В базилику
Постоим, посидим
И все
А потом уже, в четверг
Поклонимся мощам
Святителя Николая
Николая Чудотворца
Святителя Мир Ликийских
И вот мы стоим, стоим
Сидим, сидим
И Джузеппе делает нам знак
Пойдем, пойдем

И мы идем в так называемую крипту
В помещение в толще Земли
И там покоятся мощи
Святителя Николая
Происходит поклонение
Преклонение колен
Перед ракой с мощами
И, собственно, все
Постояли еще немного
И вышли, поднялись
На поверхность Земли
И вышли из базилики
И пошли дальше гулять
По старому городу Бари
Возникло такое легкое
Хорошее ощущение
Оно очень редко бывает
Такое ощущение
Что Бог простил тебя
Простил тебе все твои
Дурацкие глупости
И в принципе
Можно сейчас умереть
И это будет нормально
Легкое такое, хорошее ощущение
Но смерть не наступила
И продолжилась прогулка по Бари
По узким улочкам
Был еще кафедральный собор
И еще какие-то достопримечательности
Узкие улочки
Лавочки и магазинчики
И это была уже любовь

Третий подход
Было свободное время
Пара часов
Пошел искать супермаркет
Рядом с гостиницей Виктор
Очень быстро нашел
Прямо в двухстах метрах
Но он был закрыт

Открывался в 17:00
Здесь практикуется сиеста
Люди отдыхают днем
А потом начинают опять
Вяло работать
В ожидании открытия супермаркета
Бродил по окрестным кварталам
Фотографировал облезлые стены
Фотографировал облезлые жилые домики
Двери, окна
И уже даже и не думал
Об открытии супермаркета
Так было хорошо
Гулять по городу Бари
Этим солнечным вечером
Но все же зашел в супермаркет
И закупил набор
Продуктов питания
А что делать
Надо ведь
Надо

И четвертый подход
Вместе с Джузеппе
Зашел в фан-шоп
Футбольного клуба Бари
И купил билет
На предстоящий завтра
Матч с Моденой
Группа должна была ехать
В город Лечче
Славящийся своей
Барочной архитектурой
И это был тот случай
Когда от группы
Следует отделиться
И пойти на футбол
И так и было сделано
Девушка, продававшая билеты
Очень обрадовалась
Когда узнала, что покупатель
Пожертвовал поездкой в Лечче

Ради похода на матч Бари
Потому что Бари и Лечче
Вернее, их футбольные клубы
Лютые враги

Любезный Джузеппе
Договорился с сотрудником отеля
Что он отвезет меня
После окончания смены
К стадиону Сан Никола
Потому что ему по пути
И так и получилось
Оказался я на этом
Гигантском стадионе
Пятьдесят восемь тысяч
Вмещает он
И он никогда в своей истории
Не был заполнен до отказа
Да, это странно
Что на таком гигантском стадионе
Играет команда серии В
Это как наша первая лига
Впрочем, команда Бари
Идет на третьем месте
И стремится перейти
В серию А
Эта команда
Никогда ничего не выигрывала
Но у нее много болельщиков
Они заполнили всю северную трибуну
Так называемую Curva Nord
Курва — это трибуна за воротами
Кривая — так переводится это слово
А не то, что вы подумали

Не хочется описывать
Подробности матча
Сыграли вничью, 1:1
На трибунах было
Тысяч пятнадцать
В том числе примерно пятьдесят
Болельщиков Модены

Они вывесили баннер
Везде с вами
Спаситесь для нас
Модена борется
За сохранение места
В серии B
И они очень радовались
Когда Модена
Забила гол
А потом весь стадион
И автор этих букв тоже
Радовался, когда Бари
Сравнял, или сравняло
Как правильно
Наверное, сравнял
В общем, ничья
Все разошлись
Разъехались на своих машинах
И мотороллерах
Пришлось дожидаться
Автобуса 20
Это единственное средство
Общественного транспорта
Которое ходит до стадиона
Ехал в автобусе 20
Переполненном фанатами Бари
Они все время что-то орали
Например, Forza Bari
И какие-то другие, непонятные
Кричалки
И все время стучали руками
И твердыми предметами
По внутренним поверхностям
Автобуса
Приехали к вокзалу
И пошел опять, как в первый день
К улице Доменико Николаи
Только теперь уже знал, где она
Прошел мимо огромного
Белого здания университета
И повернул налево

И вот она, улица Доменико Николаи
И вот он, отель Виктор

А, совсем забыл
В четверг еще была
Литургия преждеосвященных даров
Наша, православная литургия
В крипте, где покоятся
Мощи святителя Николая
И вы меня, конечно, извините
Простите меня, простите
За эти слова
Но это было, как побывать
Ненадолго в России

Да и много чего еще было

И вот так и полюбился
Город Бари
Далеко не самый красивый
Итальянский город
Даже в нашей маленькой
Писательской поездке
Были города покрасивее
Например, великолепный Таранто
А полюбился более всего
Город Бари
Древний город, порт
Военно-воздушная база НАТО
И место упокоения мощей
Святителя Николая

Пару раз выпивали с Максимом
Товарищем по группе
И вообще по жизни
Ночью, в моем номере
Выходили курить на балкон
Вернее, Максим курил
А я нет
И смотрели с высоты
Восьмого этажа
На улицу Доменико Николаи

На простой многоквартирный дом
Напротив
На другие обычные дома
На блестящий асфальт
И на редкие огни в окнах

Как же это было хорошо

Вот в такие простые минуты
Понимаешь
Что вряд ли когда-нибудь
Побываешь еще в этом городе
Но будешь любить его всегда
Больше многих других городов
Вспоминать и любить.

Музыка

Случайно услышал пьесу
Павла Карманова
Любимый и ненавидимый город
Или не пьесу
Да, точно, не пьесу
Секстет
Секстет Павла Карманова
Вспомнились собственные
Отношения
С музыкой
Неудавшиеся

Хотя, конечно

В пять лет
Мама отвела
В музыкальную школу
В этом возрасте
Трудно говорить
О воле обучаемого
Я ничего не помню
Не помню, спрашивала ли
Меня мама
Хочу я учиться игре на скрипке
Или нет
Помню вступительный
Экзамен
Воспроизвести голосом
Музыкальный фрагмент
И ритмически воспроизвести
Прохлопанный ладонями
Ритмический рисунок

Хорошо, сказали
Принимающие педагоги
Мы его принимаем
Даже сказали
У него хороший слух

И я поступил
В первый класс

Музыкальной школы
№1 имени Прокофьева
По классу скрипки
И начались занятия

Пока человеку
Пять, шесть, семь
Восемь, девять лет
Он ничего не понимает
Скучно было, хотя
И не полностью было скучно
Педагог по специальности
То есть, по скрипке
Татарка
Инесса Джамильевна
Да, странное сочетание
Имени и отчества
Все время ругала меня
Но и, каким-то странным образом
Верила в меня
Вкладывала в меня
Свой скромный или нескромный
Педагогический дар
Сейчас я могу сказать
Что она много для меня сделала
Хотя, казалось бы
Что мне теперь
Эти музыкальные занятия
Что мне теперь эта постановка руки
И слежение за тем
Чтобы смычок был
Строго перпендикулярен

Потом стало получаться
Были некоторые
Местные успехи
До сих пор помню
Школьный отчетный концерт
По окончании пятого класса
Я играл очень триумфально
Концерт какого-то австрийского
Композитора

XVIII века
Не Моцарта
И все аплодировали

Другие ученики
Планировали музыкальную
Карьеру
Гнесинка, там
Все дела
Можно было тоже
Пойти по этой
Скромной стезе
Стать крепким оркестрантом
Солидным таким скрипачом
Третьей, второй, а потом первой
Скрипкой
В Государственном оркестре
Телевидения и радиовещания
Или еще где-нибудь

Хорошего, выдающегося скрипача
Из меня все равно бы не вышло

К тому времени
Музыкальная школа
Подходила к концу
Я играл в составе
Ансамбля и оркестра
На отчетных концертах
В Большом зале
Московской Консерватории

Я играл и понимал
Что музыка уходит от меня
Она позволяет мне
Что-то хорошее сыграть
Даже в сопровождении
Консерваторского органа
Но уже тогда я понимал
Что это уже конец

В четырнадцать, пятнадцать лет
Довольно легко понимать
Что чему-то конец
В данном случае музыке

И это все закончилось

Музыка еще некоторое время
Напоминала мне о себе
Иногда вдруг
В голове начинала звучать
Сложная, красивая музыка
Богато оркестрованная
Ну, такая, как вам сказать
Настоящая музыка
Не просто какая-то там
А настоящая
Это в разных ситуациях бывало
Засыпая перед сном
Лежа в ванной и слушая
Грохот струи
Путешествуя в междугороднем автобусе
Неважно

В этом не было никакого толка
Я не мог это записать
Я только наслаждался
Красотой этой музыки
Ее какой-то невероятной
Прекрасностью

А потом она прекращалась
И потом она совсем прекратилась
И больше этого уже
Не повторялось

Однажды я рассказал об этом
Своей жене
И она сказала
Очень грустно и нежно
Жаль, что я никогда
Не услышу музыку
Которую слышал ты

Это было уже давно
Отношения с музыкой
Стали чисто формальными
Бывший когда-то
Абсолютный слух
Деградировал, и стал
Относительным
Хотя я и сейчас могу
Воспроизвести на слух
Даже довольно сложную мелодию

Но это все не то

Музыка меня
Все равно не оставляет
Вот, каким-то образом
Она побудила меня
Прочитать статью
Про Павла Карманова
Значит, музыка странным образом
Не оставляет меня
Смотрит на меня
И не оставляет
Подцепила однажды меня
И не оставляет
Хотя, что я ей
А вот, тем не менее
Вовлекла меня в себя
И не оставляет

Дорогая музыка
Я знаю
Что каждый раз, когда
Мне нравится какая-то мелодия
Или какая-то песня
Когда я слышу что-то такое
От чего мне хочется сказать
Офигеть
Или ну вообще
Или ну как же это возможно
Это все ты, дорогая музыка

Пора спать, дорогая музыка
Мы будем постепенно спать
И ты, хорошая, настоящая музыка
Не сумеешь нас усыпить
Мы уснем как-нибудь так
Просто
Ворочая в уме
Впечатления текущих дней

Спокойной ночи, дорогая музыка
Спокойной ночи, спокойной ночи

СОДЕРЖАНИЕ

Просящему у тебя дай 5
Год 11
Три дня 18
На смерть Мирослава Немирова.. 25
Два состояния.. 28
Наземный транспорт 37
Селтик 47
Превращение 56
ВЛ10 61
На реках вавилонских 68
The Passenger 73
Я не думал, что будет так... 77
Бари 85
Музыка 94

www.ingramcontent.com/pod-product-compliance
Lightning Source LLC
Chambersburg PA
CBHW071308040426
42444CB00009B/1933